DISNEY · PIXAR

LÀ-HAUT

Adaptation : Sophie Koechlin
Texte revu par l'éditeur pour la présente édition

Conception graphique : Marie Drion
Hachette Livre, 43 quai de Grenelle 75015 Paris.

Disney · PIXAR

LÀ-HAUT

hachette
JEUNESSE

Carl Fredricksen

Le vieux monsieur n'a pas d'amis, pas de famille, et aucune patience ! Carl passe son temps à râler, jusqu'au jour où il se décide à partir...

Russell

Le petit garçon est prêt à tout pour gagner son dernier badge d'Explorateur… même à suivre Carl Fredricksen à l'autre bout du monde !

Dug

Dug est un chien très spécial… Grâce à une invention de son maître, il peut parler ! Ça tombe bien : il n'a pas sa langue dans sa poche !

Kevin

À quelle espèce appartient cet oiseau géant ? Mystère ! ce qui est sûr, c'est qu'il est plein de surprises…

Avant l'aventure…

Son casque d'aviateur sur la tête, Carl Fredricksen se redresse sur le fauteuil du cinéma dès que les informations commencent.

— *Notre sujet d'aujourd'hui : Charles Muntz ! Le pionnier de l'aviation a posé cette semaine avec* L'Esprit de l'Aventure. *Il fête une année d'expédition à bord de ce dirigeable qu'il a conçu lui-même. Que nous a-t-il rapporté, cette fois-ci ?*

Carl s'avance vers l'écran. Charles Muntz, le célèbre aventurier, est son héros ! Le film en noir et blanc montre un grand dirigeable posé au

milieu d'une prairie. Vêtu d'une veste d'aviateur et du même casque que celui de Carl sur la tête, Charles Muntz apparaît à l'écran.

— L'aventure, c'est extra ! déclare-t-il avant d'abaisser ses lunettes sur ses yeux, puis de lever un pouce vers le ciel.

Carl l'imite. Plus tard, lui aussi sera explorateur, et il rapportera plein de souvenirs extraordinaires de ses voyages.

— Messieurs, je vous présente Le Monstre des Chutes du Paradis ! s'exclame Muntz en dévoilant le squelette d'un oiseau géant.

— *Mais il y a un problème !* reprend le journaliste. *La Société Nationale des Explorateurs accuse Muntz d'avoir fabriqué un faux squelette !*

Carl n'en revient pas : comment peuvent-ils douter du plus grand explorateur de tous les temps ? Mais son héros ne baisse pas les bras :

— Je vous promets de capturer un spécimen vivant ! Et je ne rentrerai pas sans lui !

Dans la salle, les spectateurs applaudissent et Carl sourit.

L'après-midi, après avoir écrit les mots « L'Esprit de l'Aventure » sur un ballon, Carl court dehors, imaginant qu'il pilote son propre dirigeable, quand il entend une voix s'écrier :

— L'aventure, c'est extra !

Carl s'arrête net. Il se trouve devant une maison abandonnée.

— Attention ! crie la voix. Le Mont Rushmore ! *L'Esprit de l'Aventure* doit passer au-dessus ! Barre à tribord toute !

De plus en plus intrigué, Carl se faufile par la porte.

Quand il entre, il n'en croit pas ses yeux. Les murs sont couverts de photos de Charles Muntz, et il y a des objets d'exploration un peu partout : des cordes, un compas, et même un vieux vélo. Tournant l'une de ses roues comme s'il s'agissait d'une barre de dirigeable, une petite fille, un casque d'aviateur sur la tête, se tient devant la fenêtre.

— Qu'est-ce que tu fais ici ? lui demande-t-elle en bondissant près de lui.

Carl retient un cri et lâche son ballon.

— Tu n'es pas au courant ? C'est un club privé, ici ! poursuit la fillette. Il n'y a que les vrais aventuriers qui ont le droit d'y entrer. Est-ce que toi, tu mérites d'en faire partie ?

Carl se met à bégayer.

— Très bien, tu es accepté ! dit l'aventurière. Bienvenue à bord !

Elle enlève son casque et secoue ses cheveux roux. Une collection de badges est accrochée à son tee-shirt. Elle en dégrafe un, bricolé avec le capuchon d'une bouteille de soda, et le fixe sur le tee-shirt du garçon.

— Je m'appelle Ellie. Je sais où est ton ballon, ajoute-t-elle en levant la tête vers l'étage. Viens, on va le chercher.

Carl la suit dans le vieil escalier. Ellie prend sa main pour l'aider à monter. Il rougit, mais elle ne remarque rien.

— Le voilà ! s'écrie-t-elle.

Le ballon flotte au-dessus d'une pièce sans plancher, traversée d'une seule poutre au-dessus de quatre mètres de vide.

— Bah alors, vas-y ! le presse Ellie.

Prenant son courage à deux mains, Carl pose le pied sur la poutre et fait un pas en avant, puis un autre. Il est à mi-chemin quand il entend le bois craquer. Il a juste le temps de voir le regard horrifié d'Ellie avant de tomber...

Ce soir-là, Carl essaie de lire dans son lit même si son bras cassé lui fait mal. Soudain, soulevés par le vent, les rideaux de la fenêtre de sa chambre s'écartent pour laisser passer... son ballon ! Une petite tête rousse apparaît aussi à la fenêtre.

— J'ai pensé que tu aurais besoin d'un peu de réconfort ! dit Ellie en sautant dans la chambre.

Vite, elle se glisse sous la tente que Carl a faite avec ses draps.

— Je vais te montrer un truc que personne n'a jamais vu. Mais tu dois me jurer que tu n'en parleras pas !

Carl promet, et Ellie sourit.

— C'est mon livre d'aventures, dit-elle en sortant un petit cahier.

Elle l'ouvre à la première page, où est collée une photo de Charles Muntz.

— Quand je serai grande, je serai exploratrice, comme lui. Moi aussi j'irai en Amérique du Sud. Et tu sais

où je vivrai ? Juste à côté des Chutes du Paradis !

Carl admire une photo des Chutes, près desquelles Ellie a dessiné son club privé d'explorateurs.

Puis elle lui montre une page blanche, qu'elle a titrée « Choses que je découvrirai ». À partir de là, il n'y a plus rien d'écrit.

— Je garde la suite pour raconter mes aventures, explique-t-elle. Mais je ne sais toujours pas comment je ferai pour aller là-bas !

Carl jette un coup d'œil vers sa collection de dirigeables miniatures. Le ballon flotte juste à côté. Ellie suit son regard.

— Mais oui, c'est ça ! s'écrie-t-elle. Tu nous y emmèneras en dirigeable ! Jure-moi que tu le feras !

Carl n'hésite pas une seconde : il promet. Cette fille est une vraie aventurière. Rien qu'en passant dix minutes avec elle, il a déjà vécu la plus grande aventure de sa vie !

— Bon, ben on se voit demain, d'accord ? lance joyeusement Ellie en regagnant la fenêtre. Tu ne parles pas beaucoup, toi, hein ? Mais c'est pour ça que je t'aime bien !

Puis elle disparaît dans la nuit.

— Wahou ! murmure Carl.

À partir de ce jour, Carl et Ellie deviennent inséparables. À dix-neuf ans, ils se marient et s'installent dans la maison abandonnée où ils se sont rencontrés. Ensemble, ils la réparent pour qu'elle ressemble exactement au dessin d'Ellie.

Un jour, Ellie écrit leurs noms sur le côté de leur boîte aux lettres, et Carl s'y appuie sans réfléchir. Aussitôt, il sursaute. Trop tard : il a laissé l'empreinte de sa main sur la peinture fraîche ! En souriant, Ellie y pose la sienne aussi. Les deux mains semblent se serrer.

Ellie travaille au zoo, et elle aime particulièrement prendre soin des animaux qui viennent d'Amérique du Sud. Carl aussi travaille au zoo : il vend des ballons gonflables.

Ellie et Carl rêvent encore de leur voyage aux Chutes du Paradis. Il y a même un dessin de leur maison au sommet des Chutes accroché au-dessus de la cheminée, et une carte de l'Amérique du Sud. Juste devant : une figurine représentant un oiseau tropical, un modèle réduit de dirigeable et un pot de verre sur lequel est écrit « Chutes du Paradis ». Ce pot contient toutes les pièces que le couple met de côté pour leur voyage.

Un jour, c'est sûr, ils iront en Amérique du Sud...

Un matin, après trente ans de mariage, Carl se dit qu'ils ont assez attendu. Il décide de faire une surprise à Ellie, achète deux billets d'avion pour l'Amérique du Sud et les cache dans le panier du pique-nique. Mais alors qu'ils grimpent sur leur colline préférée, Ellie s'effondre.

Quand il rentre chez lui, pour la première fois depuis ses huit ans, Carl se retrouve seul.

chapitre 1

Quand le réveil sonne, Carl attrape ses lunettes avant de s'asseoir dans son lit. Maintenant qu'il est vieux, il a du mal à se lever. Il s'étire, et ses os craquent un peu. Enfin, il se redresse, prend sa canne et descend l'escalier.

Après le petit déjeuner, Carl met son chapeau, ajuste le badge qu'Ellie lui a offert à leur première rencontre et sort.

— Sacrée vue, hein, Ellie ? dit Carl en observant les bulldozers qui construisent des gratte-ciel.

Il sait bien qu'Ellie n'est plus là, mais il aime lui parler de temps en temps.

— On a du courrier ! annonce-t-il.

Traversant son jardin, il trottine jusqu'à la boîte aux lettres et en retire une brochure publicitaire pour la maison de retraite des *Pins Parasols.* Sur la couverture, des gens âgés lui sourient. Carl grimace, puis remarque qu'une épaisse couche de poussière recouvre la boîte. Agacé, il attrape un chiffon pour la nettoyer.

— Bonjour, monsieur Fredricksen ! lui crie Tom, un ouvrier. Besoin d'un coup de main ?

— Oui. Dites à votre patron que vous êtes en train d'abîmer ma maison ! ronchonne Carl.

— Justement, vous savez que mon patron serait heureux de vous l'acheter, et pour le double de ce qu'il vous a proposé la dernière fois ! réplique Tom. Alors ? Qu'est-ce que vous en pensez ?

Carl lance son chiffon sur Tom.

— Hum ! Ça doit vouloir dire « non », j'imagine !

— J'ai été clair avec votre patron.

— Vous avez versé du jus de pruneau dans le réservoir de sa voiture ! s'exclame Tom.

Carl pouffe de rire et regagne l'escalier.

De retour dans son salon, Carl s'assoit dans son fauteuil et allume la télévision. Il commence à s'endormir quand quelqu'un frappe à sa porte.

Vêtu d'un uniforme d'Explorateur Junior, un jeune garçon, avec une écharpe couverte de badges, se tient sous le porche.

— Bonjour ! Je m'appelle Russell, et je suis un Explorateur. Est-ce que vous avez besoin d'aide aujourd'hui, monsieur ?

— Non, répond Carl.

— Vous voulez que je vous aide à traverser la rue ? propose encore Russell.

— Non.

— Ou à vous promener dans votre jardin ?

— Non.

— Sur votre terrasse ?

— Non.

— Enfin… Il y a bien un endroit où vous voulez aller ? insiste Russell.

— Eh bien… non ! dit Carl en claquant sa porte.

Pendant quelques instants, le vieil homme reste immobile dans le hall d'entrée et attend. Mais comme il n'entend pas son visiteur s'éloigner, il rouvre brusquement la porte.

Sous le porche, l'enfant n'a pas bougé d'un centimètre.

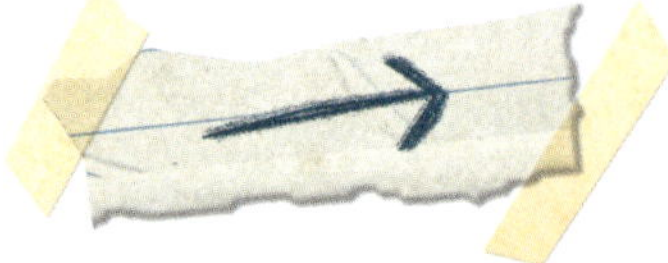

chapitre 2

— Bonjour ! recommence-t-il. Je m'appelle Russell, et je suis un Explorateur. Est-ce que vous avez besoin d'aide aujourd'hui, monsieur ?

— Non merci, vraiment.

Carl essaie de refermer la porte, mais Russell glisse un pied dans l'ouverture. Carl soupire. Apparemment, ce gamin n'a pas l'intention de le laisser tranquille.

— D'accord. Vas-y !

Russell montre les badges sur son écharpe.

— Vous voyez ça ? Ce sont mes badges d'Explorateur. Le seul qui me manque, c'est celui d'Assistant de Personnes Âgées. Grâce à lui, je passerai Explorateur Senior. Ça va être génial ! Il y aura une grande cérémonie et nos pères viendront accrocher notre badge.

— Tu dois juste aider une personne âgée ? demande Carl.

— Oui. Et je serai Explorateur Senior !

Carl jette un coup d'œil autour d'eux et prend un air de conspirateur.

— Tu as déjà vu un dabou ?

— Un dabou ?

— C'est un oiseau, explique Carl.

Avec des yeux de fouine. Chaque nuit, il se faufile dans mon jardin et mange mes belles fleurs. Je suis trop vieux pour l'attraper. Je me demande bien qui pourrait m'aider…

— Moi ! s'écrie Russell en bondissant.

— Hum, je ne sais pas, reprend Carl. C'est un oiseau très malin. Il faut claquer trois fois dans tes mains pour l'attirer.

— Je l'attraperai.

— Je crois que son nid est à deux rues d'ici. Si tu vas vers…

Mais Russell est déjà parti. À toute vitesse, il sort du jardin en frappant dans ses mains et en criant :

— Dabou ! Viens ici petit dabou !

— Rapporte-le-moi quand tu l'auras attrapé ! lui lance Carl.

Évidemment, le vieil homme a inventé cette histoire…

Souriant, Carl rentre tranquillement chez lui, quand quelque chose attire son attention. Un bulldozer du chantier est en train de foncer sur sa boîte aux lettres… *Bang !* Carl attrape sa canne et se met à courir.

— Hé, vous ! Qu'est-ce que vous avez fait ? hurle-t-il à l'ouvrier.

— Je suis désolé, monsieur !

L'homme se précipite vers la boîte aux lettres pour essayer de la réparer.

— N'y touchez pas ! aboie Carl.

— Laissez-moi m'en occuper !

— Éloignez-vous ! ordonne Carl.

Il abat sa canne sur la tête de l'ouvrier, qui tombe sur le sol. La boîte serrée contre lui, Carl retourne vers sa maison, le cœur battant à cent à l'heure.

Déjà, une foule de gens se rassemble autour de l'ouvrier. Puis une voiture de police surgit.

Vite, Carl referme sa porte. Il a fait une bêtise. Une grosse bêtise...

chapitre 3

— Désolée, monsieur Fredricksen. dit l'officier de police en déposant le vieil homme chez lui après une journée au tribunal. Prenez ceci, ajoute-t-elle en tendant la brochure de la maison de retraite des *Pins Parasols.* Ils viendront vous chercher demain dans la matinée.

Carl vient d'être condamné pour avoir assommé l'ouvrier. Le juge a

décidé qu'il n'était plus capable de vivre seul. Il ne l'envoie pas en prison, mais en maison de retraite, ce qui est aussi terrible pour le vieil homme !

Ce soir-là, Carl parcourt sa maison. Chaque objet lui rappelle un moment heureux de sa vie avec sa femme. En sortant sa valise d'un placard, il retrouve le cahier d'aventures d'Ellie. Il tombe sur la page où elle avait écrit « Choses que je découvrirai ». Carl soupire. Finalement, Ellie n'a jamais fait son voyage. Il le lui avait pourtant promis, mais ils ont trop attendu.

Tout à coup, il prend une décision. Il commence par tirer les rideaux. Ensuite, il va inspecter sa vieille charrette. Il y reste plusieurs centaines de ballons gonflables. Carl va faire quelque chose qu'il aurait dû faire des années plus tôt...

Le lendemain matin, le camion des *Pins Parasols* se gare devant la maison. Georges et A.J., deux infirmiers, en descendent.

— Bonjour, messieurs, les salue Carl, une valise à la main.

— Bonjour, monsieur Fredricksen. Vous êtes prêt à partir ?

— Oh oui ! Mais avant, est-ce que vous pourriez me rendre un petit service ? Prenez ça, ordonne Carl en tendant sa valise. Je voudrais dire au revoir à ma maison.

Les infirmiers retournent vers le camion.

Georges regarde avec curiosité le jardin rempli de bonbonnes d'hélium vides quand une ombre gigantesque passe au-dessus d'eux. Jaillis de la cheminée de la maison, des centaines et des centaines de ballons s'élèvent dans le ciel, formant une grappe colorée. Tout à coup, la vieille maison se met à craquer, à bouger et finit par s'arracher du sol, décollant doucement dans les airs.

Georges et A.J. la regardent s'envoler, stupéfaits.

Avec un sourire, Carl ajuste la direction, et les voiles, des bouts de tissu accrochés aux tringles des rideaux, se gonflent.

Enfin, Carl et Ellie partent en Amérique du Sud ! Tendrement, le vieil homme embrasse la photo de sa femme et s'installe dans son fauteuil.

Il vient juste de fermer les yeux quand il entend frapper à la porte.

... *Frapper à la porte ?!!*

Carl bondit pour regarder dans l'œilleton. Ne voyant rien d'autre que le ciel et son porche, il ouvre et pousse un cri. Collé contre le mur, Russell lutte pour garder l'équilibre.

— Bonjour, monsieur Fredricksen !

— Qu'est-ce que tu fais là ?

— J'ai trouvé le dabou, et je l'ai suivi jusqu'à chez vous. Mais on dirait plutôt une grosse souris, pas un oiseau...

Carl lève les yeux. Quel genre d'explorateur peut confondre un oiseau et un rat ?!

Bien obligé, il laisse le garçon entrer dans la maison. Russell commence

alors à visiter. Il inspecte la cheminée, parcourt le journal d'Ellie et s'intéresse ensuite au système de navigation, tripotant la barre fabriquée avec un vieux moulin à café.

— Ne touche pas à ça ! s'énerve Carl quand la maison se met à changer de direction.

Garder ce gamin avec lui serait à la fois trop dangereux et trop ennuyeux ! Il n'a pas le choix : il doit atterrir, et interrompre son voyage. Carl va s'agenouiller devant la cheminée pour détacher ses ballons. Comme la conversation du garçon à propos des nuages l'ennuie, il coupe son sonotone.

— Et voilà ! J'ai passé une nuit entière à gonfler tous ces ballons pour rien..., grommelle-t-il, sans entendre Russell qui, penché à la fenêtre, lui crie d'une voix paniquée :

— Monsieur Fredricksen ! On va droit vers une tempête !

chapitre 4

Enfin, Carl remarque les éclairs autour d'eux. Furieux, il remet son sonotone en marche.

— Qu'est-ce que tu as encore fait, comme bêtise ?

Paniqué, le garçon pointe son doigt vers le ciel noir. Un nouvel éclair illumine la maison. Carl se précipite sur la barre de son « navire », mais elle se met à tourner brusquement,

l'envoyant valser. Russell pousse un cri. Aspirés par l'orage, ils sont pris au piège ! La maison est ballottée dans tous les sens. Les objets s'envolent, les meubles se renversent. Carl finit par se laisser tomber dans son fauteuil et ferme les yeux, épuisé.

Une petite tape sur le visage le réveille. Russell le regarde en souriant.

— Ouf. J'ai cru que vous étiez mort !

— Qu'est-ce qui s'est passé ? bredouille Carl.

— Pendant que vous faisiez votre sieste, j'ai pris les commandes et j'ai sorti la maison de l'orage.

Carl s'approche de la fenêtre. Un brouillard épais l'empêche de voir.

— Où est-ce qu'on peut être ? marmonne-t-il.

— D'après mon SERS, en Amérique du Sud ! répond fièrement Russell.

— Ton quoi ?

— Mon Système Électronique de Reconnaissance Spatiale. C'est un cadeau de mon père. Avec ça, on ne peut pas se perdre !

À cet instant, l'engin lui échappe des mains et s'envole par la fenêtre. Bouche bée, Russell regarde sa main vide.

— On va atterrir, décide Carl en retournant vers la cheminée. On trouvera un arrêt de bus, et tu pourras rentrer chez toi.

— Ça m'étonnerait qu'il y ait beaucoup de bus par ici !

Sans l'écouter, Carl coupe les cordes de dizaines de ballons, et lentement, la maison commence à descendre.

Carl sort sur le perron et s'étrangle presque en découvrant qu'ils survolent de hautes falaises. *Bam !* La maison heurte la roche. Le choc propulse le vieil homme et l'enfant hors de la maison. Affolé, Carl se rend compte que la maison reprend de la hauteur !

— Non, non, non ! hurle-t-il en s'accrochant à un tuyau d'arrosage qui pend.

Russell lui saisit les jambes et, ensemble, ils réussissent à faire redescendre la maison vers le sol.

Au loin, surplombant la jungle, d'autres parois rocheuses encadrent… les Chutes du Paradis.

— On y est, Ellie ! s'exclame Carl, émerveillé. On a réussi ! Russell, il ne nous reste plus qu'à voler vers les Chutes ! Essaie de grimper sur le porche, et ensuite, tu me hisseras, d'accord ?

Malheureusement, l'escalade, ce n'est pas vraiment le point fort de Russell ! Après quelques minutes, il abandonne.

— Génial ! râle Carl.

— On pourrait y aller à pied ? propose timidement Russell.

— À pied ? Et abandonner la maison ?

— On pourrait la tirer derrière nous, comme un ballon !

Carl lève les yeux au ciel. Cet enfant dit vraiment n'importe quoi !

À cet instant, une légère brise pousse la maison en direction des Chutes, et Russell, qui la retient fermement grâce au tuyau d'arrosage, se met à rire.

— Hum…, fait Carl.

Après tout, un projet aussi fou pourrait réussir.

chapitre 5

— Allez, Russell, dépêche-toi ! crie Carl en avançant entre les plantes et les rochers.

— Je suis fatigué, gémit le garçon. Et j'ai envie d'aller aux toilettes !

— Si tu traînes, les tigres vont te manger ! lui jette Carl.

— Il n'y a pas de tigres en Amérique du Sud ! réplique Russell.

— C'est bon ! Tu as gagné : va dans les buissons, je t'attends !

Le garçon disparaît dans les fourrés et remarque d'étranges traces de pattes sur le sol. Elles ressemblent à celles d'un oiseau, mais sont beaucoup, beaucoup plus grandes…

— Wahou, un dabou! s'écrie Russell.

Aussitôt, il frappe dans ses mains.

— Dabou ! Petit, petit, petit…

Un peu plus loin, quelque chose s'agite dans les buissons, et un bec orange sort des fourrés. Russell prend une barre de chocolat dans l'une de ses poches.

— N'aie pas peur, dit-il en la déposant sur le sol. Je suis un ami de la nature.

Le bec jaillit des feuillages. En une seconde, le chocolat disparaît.

— Tu en veux encore ? demande

Russell en mettant d'autres morceaux par terre.

L'oiseau gourmand finit par sortir de sa cachette, et le garçon n'en croit pas ses yeux...

— J'ai trouvé un dabou ! annonce-t-il en rejoignant Carl.

— Vraiment ? répond Carl sans le regarder.

— C'est plutôt grand, comme oiseau, non ?

— Plutôt, oui, dit Carl, pour se moquer du garçon.

— Et son plumage est très coloré !

— Très.

— En tout cas, ça adore le chocolat !

Le chocolat ? Carl se retourne et se fige. Russell se tient à côté d'un gigantesque oiseau multicolore.

— Qu'est-ce que c'est que ce truc ? s'écrie le vieil homme, stupéfait.

Vite, il essaie d'éloigner Russell de cet étrange animal, mais on dirait bien que l'oiseau géant a décidé d'adopter le jeune Explorateur : il le saisit du bout du bec et le serre entre ses ailes comme un bébé. Puis il saute sur un arbre, lance Russell en l'air et le rattrape par une jambe. La tête en bas, l'enfant éclate de rire.

Après l'avoir reposé, l'oiseau s'avance vers Carl, qui le menace avec sa canne. Russell intervient :

— Non, non, Kevin ! Carl est gentil !

— Kevin ?

— Oui, c'est le nom que je lui ai donné. On peut le garder ? Je m'en occuperai bien !

— Non ! refuse Carl tout en détachant d'un arbre le tuyau qui retient la maison.

— Allez, s'il vous plaît, insiste Russell. Hé ! Regardez !

Carl lève les yeux. Installé sur le toit, l'oiseau, qui vient d'avaler un ballon, en recrache les morceaux d'un air dégoûté.

— Tu veux bien descendre de là ?! s'énerve le vieil homme.

Kevin glisse le long du toit et se cache derrière Russell.

— Allez, file ! lui lance Carl. Tu devrais servir à décorer le chapeau d'une dame !

— Bonjour ! Qui est là ? les interrompt une voix.

Effrayé, Kevin disparaît dans les fourrés.

Carl plisse les yeux : à cause de la brume, il ne peut pas voir à plus de trois pas devant lui.

— Bonjour ! répond-il. Vous tombez bien ! Ce garçon doit retourner aux États-Unis !

— Je ne vous vois pas, mais je peux vous sentir ! reprend l'inconnu.

— Nous *sentir* ?

Intrigué, Carl s'approche et se retrouve nez à nez avec un chien, qui porte un étrange collier.

— Salut ! leur dit-il simplement. Je m'appelle Dug.

chapitre 6

Carl et Russell n'en reviennent pas !

— Je peux parler grâce à mon collier, leur explique Dug. C'est mon maître qui l'a inventé. C'est un homme extraordinaire ! Comme je suis un très bon pisteur, il m'a envoyé en reconnaissance. Vous n'auriez pas vu un oiseau ?

À ce moment-là, Kevin jaillit des fourrés pour lui donner un coup de bec.

— Hé ! C'est lui ! Est-ce que je peux le ramener à mon maître ? demande joyeusement Dug à Carl.

Celui-ci regarde Kevin, cinq fois plus grand que le chien. Carl se dit que sans les deux animaux, sa vie sera plus simple. Il hoche la tête avant de reprendre sa route, sans deviner que ses vrais ennuis commencent.

Très vite, il s'aperçoit que ce chien qui parle… n'arrête pas une seconde.

— S'il te plaît, sois mon prisonnier ! S'il te plaît ! gémit sans arrêt Dug, agrippé à l'une des pattes de Kevin.

L'oiseau essaie de se débarrasser du chien, mais ce n'est pas si facile !

— Dug ! Laisse Kevin tranquille ! intervient Russell.

— Mais mon nouveau maître a dit que je pouvais le capturer, proteste Dug en désignant Carl.

— Je ne suis pas ton maître ! crie Carl.

Tout à coup, la maison se cogne contre une paroi, et une fenêtre se casse.

— Ellie ! hurle Carl, désespéré.

Dug et Kevin arrêtent aussitôt de se bagarrer.

— J'en ai marre de vous ! s'écrie Carl. Si vous ne disparaissez pas dans deux secondes…

Il lève sa canne, mais s'arrête net en voyant la réaction de Dug.

— Une balle ! Génial ! Une balle ! crie le chien en bondissant dans tous les sens.

Carl regarde les pieds de sa canne, au bout desquels sont accrochées des balles de tennis, puis il a une idée. Il en détache une et se penche vers Dug.

— Tu veux cette balle ?

— Oh oui, oh oui, oh oui !

— Alors va la chercher !

Carl lance la balle vers un ravin, et le chien part comme une fusée. Le vieil homme se tourne alors vers Russell.

— Donne-moi du chocolat !

Russell lui tend une barre. Carl la jette loin devant lui, et l'oiseau s'éloigne en courant.

— Viens, Russell, dépêchons-nous ! ordonne Carl.

Au bout de quelques minutes, il se laisse tomber sur une souche, essoufflé. Puis il se retourne. Le chien est assis à trois pas de lui, la balle dans la gueule. Un peu plus loin, Russell accueille joyeusement Kevin.

« Raté ! » se dit Carl, déçu.

Quand la nuit tombe, le groupe s'arrête pour se reposer.

— Tu as déjà campé ? demande Carl, assis près d'un feu, en regardant Russell se débattre avec sa tente.

— Heu… Pas dehors...

— Ton père ne t'a jamais emmené camper ? s'étonne Carl.

— Il n'est pas souvent là. Je lui téléphone, bien sûr, mais Phyllis dit que je le dérange trop souvent.

— Tu appelles ta mère par son prénom ?

— Phyllis n'est pas ma maman…

— Ah ! souffle Carl en comprenant que les parents de Russell sont séparés.

— Mais papa a dit qu'il viendrait à la cérémonie pour accrocher mon dernier badge !

En observant l'enfant, qui a l'air à la fois plein d'espoir et triste, Carl se reproche d'avoir été trop dur avec lui.

— Tu devrais te reposer comme les autres..., reprend-il doucement en désignant Kevin et Dug, profondément endormis, le chien enroulé autour de la patte de l'oiseau.

— Monsieur Fredricksen... Dug a dit qu'il voulait capturer Kevin. On doit le protéger. Est-ce qu'il peut venir avec nous ?

— D'accord, soupire Carl.

— On ne l'abandonnera pas, hein ? Promis ?

— Juré !

Carl repense à la promesse qu'il avait faite à Ellie.

— Dans quoi est-ce que je me suis fourré, mon Ellie…, murmure le vieil homme, les yeux levés vers son porche.

chapitre 7

Le lendemain matin, Carl jette un coup d'œil vers le ciel. La maison est toujours là, mais il remarque que les ballons commencent à se dégonfler. Il faut qu'ils se dépêchent d'arriver aux Chutes du Paradis.

— Tout le monde debout ! s'écrie-t-il.

— Où est Kevin ? demande Russell en sautant sur ses pieds.

Un cri lui répond du toit de la maison. Kevin y est installé, à côté d'un tas de fruits et de légumes.

— Hé ! Ce sont mes réserves de nourriture ! proteste Carl. Descends de mon toit !

— Oui, descends de son toit ! approuve Dug, l'air mécontent.

Au lieu d'obéir, Kevin se redresse et lance une série de cris étranges.

— Qu'est-ce qu'il fait ? demande Carl.

— Je l'ai pisté suffisamment longtemps pour le savoir : il appelle ses petits ! explique Dug.

— Ses petits ? Kevin... est une maman ?! s'exclame Russell.

Plus loin, des cris lui répondent. Attrapant les réserves, Kevin se laisse glisser du toit.

— Il doit rapporter la nourriture chez lui, dit Dug. Son nid n'est pas très loin, caché au milieu des rochers.

Dug se met à mordiller les chevilles de Russell.

— Si l'oiseau se réfugie là-bas, je ne pourrai pas le ramener à mon ancien maître, et il sera furieux ! gémit le chien.

— Laisse-le partir ! ordonne Carl.

Dug est bien obligé d'obéir à son nouveau maître.

Après avoir serré Russell dans ses ailes et salué Carl, l'oiseau disparaît dans les buissons.

— Ne t'inquiète pas, Russell. Kevin est assez grand pour se débrouiller !

Résigné, Russell se remet en route aux côtés du vieil homme et de Dug.

Au bout de quelques mètres, ils s'arrêtent en remarquant un mouvement dans les buissons.

— Kevin ? lance Russell, plein d'espoir.

Mais ce sont trois grands chiens qui jaillissent des buissons en aboyant furieusement.

— Alpha ! s'exclame Dug.

— Où est l'oiseau ? grogne Alpha, un doberman impressionnant qui porte le même collier que celui de Dug. Tu nous as dit hier par radio que tu l'avais capturé !

— Heu… Revenez demain, il sera là…, bafouille Dug.

— Tu l'as laissé filer ? Ça ne m'étonne pas de toi ! Enfin, au moins, tu nous as conduits au Petit Postier et à Celui Qui Sent Le Pruneau !

Dug regarde Russell et Carl, désolé de les mêler à ça.

— Venez ! Mon maître a des questions à vous poser ! leur ordonne Alpha.

Carl proteste, mais les grondements de Gamma et Bêta, les deux autres chiens, ne lui laissent pas le choix.

Devant une grotte, les chiens font signe à leurs prisonniers de s'arrêter. Carl et Russell s'avancent, mais une armée de chiens à l'air féroce leur barre la route.

— Le voilà ! s'écrie enfin l'un des molosses.

Les chiens s'écartent respectueusement devant leur maître.

— Vous êtes arrivés jusqu'ici avec cette maison volante ? s'étonne l'homme avant d'éclater de rire. C'est complètement fou !

Carl l'observe. Alors comme ça, c'est lui, l'inventeur des colliers qui permettent aux chiens de parler ! Plus âgé que Carl, il est mince et assez grand.

— Vous avez trouvé quelque chose avec eux ? demande-t-il.

— Rien ! répond Alpha.

L'inconnu s'approche. Carl remarque sa veste d'aviateur, puis regarde son visage, qui lui semble familier. Il frissonne.

— Mais vous êtes… Charles Muntz ?

L'homme se retourne vers lui, l'œil brillant.

— L'aventure, c'est extra ! dit-il en tendant le pouce vers le ciel.

— C'est bien vous ! Je suis si content que vous soyez vivant ! se réjouit Carl.

Ma femme et moi, nous sommes vos plus grands admirateurs !

— C'est vrai ? Dans ce cas, bienvenue dans mon domaine !

chapitre 8

Carl sent son cœur battre un peu plus vite en reconnaissant *L'Esprit de l'Aventure*. Muntz lui montre où attacher sa maison, qui flotte près du grand dirigeable gris.

Une passerelle s'abaisse et tous grimpent à bord. Tous, sauf Dug. Puni par Alpha, le chien doit porter le Cône de la Honte pour avoir laissé l'oiseau qu'il devait capturer s'échapper. Ce cône est une sorte d'entonnoir géant fixé à son collier, qui le fait ressembler à une grosse marguerite ! Humilié, il s'assoit en regardant tristement la passerelle se refermer sur ses amis.

— Vous aimez ma collection ! remarque Muntz tandis que Carl s'émerveille devant les objets rares.

— Mon Ellie aurait adoré tout ça, dit Carl. Vous savez, c'est grâce à vous qu'elle a eu l'idée de venir vivre ici...

Muntz lève une lanterne, et Carl et Russell voient les centaines de dessins, de photos, de plumes et d'objets que l'explorateur a réunis sur la créature qui l'obsède : le Monstre des Chutes du Paradis.

— Hé ! s'exclame Russell. On dirait Kevin !

— Kevin ? demande Muntz, les yeux plissés.

— Mon oiseau... qui s'est enfui ! bredouille Russell.

Brusquement, par un hublot, Carl voit Kevin installé, comme d'habitude, sur le toit de sa maison ! Il les a suivis !

— Eh bien, merci pour cette merveilleuse soirée, monsieur Muntz, les coupe le vieil homme. Malheureusement, nous devons partir...

Il se lève, prend Russell par le bras et se dirige vers la passerelle. Étonné, leur hôte les raccompagne quand un cri de Kevin résonne. À son tour, Muntz regarde par le hublot.

— Il est là ! s'étrangle-t-il en apercevant l'oiseau.

Quand il se retourne, Carl et Russell ont filé et détachent la maison.

— Attrapez-les ! hurle Muntz à ses chiens.

Les molosses foncent vers eux.

Guidés par Dug, Carl et Russell tentent d'échapper aux chiens. Heureusement, Kevin charge l'enfant et le vieil homme sur son dos, la maison valdinguant derrière lui, et file à toute allure vers la sortie. Il y est presque quand Russell lâche prise et tombe. Kevin récupère l'enfant juste sous le museau d'Alpha, et enfin, le groupe réussit à sortir.

Mais au bout de quelques minutes, Kevin s'arrête au bord d'un gouffre. Tout en bas, une rivière passe.

— Oh non ! s'écrie Russell.

À ce moment-là, le vent souffle la maison, portée par les ballons. Kevin, Carl, Russell et Dug s'accrochent aux cordes et franchissent le canyon, alors que les chiens, emportés par leur élan, tombent dans le gouffre et atterrissent dans la rivière.

— Kevin ne va pas bien ! glapit soudain Russell.

Le pauvre oiseau lâche un cri plaintif. Juste avant leur fuite, Alpha lui a mordu une patte. Russell met un bandage sur sa blessure, mais Kevin ne réussit pas à se relever.

— Il est vraiment blessé ! répète Russell, très inquiet.

Carl sait que s'il ne se dépêche pas, les ballons qui soutiennent sa maison se dégonfleront, et ils n'arriveront pas à atteindre les Chutes. Mais il a fait une promesse au garçon.

— D'accord, dit-il à contre-cœur. On va l'aider.

Pendant ce temps, Dug ne remarque pas que son collier s'est allumé. Il ignore que, dans sa grotte, Muntz a appuyé sur un bouton qui lui permet de savoir où il se trouve.

— Vous savez, monsieur Fredricksen, dit Russel à Carl qui marche à côté de lui, je ne m'attendais pas à ça en partant à l'aventure avec vous. Je veux dire, c'est drôle, je n'arrête pas de penser à mon père. Bizarrement, ce qui me manque le plus, c'est tous les trucs ennuyeux qu'on faisait ensemble...

Ils sont interrompus par des cris d'oisillons. Les petits de Kevin ont senti leur mère approcher.

— On y est ! s'écrie joyeusement Russell.

Il se met à courir pendant que Carl attache la maison.

Kevin se précipite vers l'endroit qui abrite son nid quand il se retrouve sous les feux d'un projecteur. À bord de *L'Esprit de l'Aventure*, Muntz les a rattrapés !

Un filet s'abat sur Kevin. Carl et Russell essaient de le libérer, mais déjà, le dirigeable atterrit. La passerelle s'ouvre, et les chiens les encerclent.

— Mets-toi derrière moi, Russell ! ordonne Carl tout en coupant les mailles du filet avec un canif.

— Si j'étais vous, je m'arrêterais ! lance Muntz d'un ton menaçant.

Plusieurs chiens apparaissent, tirant derrière eux la maison d'Ellie. Carl se fige.

— Je ne comprends pas pourquoi vous essayez de sauver cet oiseau,

Carl, reprend Muntz, sa lanterne à la main, pourtant je vous fais une proposition : l'oiseau contre votre maison.

Carl hésite, mais un simple coup d'œil à Russell suffit pour le décider : pas question de trahir sa promesse.

— Très bien ! dit Muntz en jetant la lanterne sous la maison.

Le sol s'enflamme aussitôt.

— Vous avez gagné : prenez l'oiseau ! s'écrie Carl avant de se précipiter pour pousser la maison hors des flammes.

Tirant le filet dans lequel Kevin est prisonnier, les chiens regagnent la passerelle. Désespéré, Russell regarde le dirigeable décoller.

— Tu as abandonné Kevin ! hurle-t-il à Carl.

Le vieil homme soupire.

— Ne vous inquiétez pas, maître, souffle gentiment Dug.

— Je ne suis pas ton maître ! crie Carl. Et si tu ne les avais pas conduits jusqu'à nous…

Dug baisse la tête.

— Moi, je vais aux Chutes, quoiqu'il arrive ! annonce Carl.

chapitre 9

Le lendemain matin, ça y est : la maison se dresse sur la falaise, exactement comme sur le dessin d'Ellie.

« Je l'ai fait, pense Carl. Ça a failli me tuer, mais j'ai tenu ma promesse, Ellie. »

Il est en train de se demander pourquoi il n'est pas plus heureux lorsque Russell se plante devant lui.

— Tenez ! dit-il en jetant son écharpe par terre. Je n'en veux plus.

Carl la récupère et entre dans la maison. Le vieil homme aperçoit le cahier d'Ellie à ses pieds. Il le ramasse et le feuillète. Il s'arrête à la page « Choses que je découvrirai ». Mais pour la première fois, il tourne la page.

Stupéfait, il découvre que les pages suivantes ne sont pas blanches, mais remplies de photos : celle de leur mariage, de promenades... Carl sent sa gorge se serrer. La dernière photo les montre âgés, assis côte à côte et souriants. En dessous, Ellie a écrit : « Merci pour l'aventure, Carl. Je te souhaite d'en vivre beaucoup d'autres. »

Carl comprend alors qu'en vivant avec lui, Ellie a réalisé son souhait : il lui a offert un voyage magnifique.

Brusquement, un bruit lui fait lever les yeux vers le plafond. Qu'est-ce que

Russell est encore en train de fabriquer ? Carl sort et pousse un cri. Le garçon vient de décoller du toit, une poignée de ballons accrochée à son sac, une bombonne d'air dans les mains.

— Que ça te plaise ou non, je vais sauver Kevin ! lui crie-t-il en se propulsant.

Le vieil homme, énervé, attrape une chaise et la jette rageusement par-dessus bord. En voyant la maison s'élever de quelques centimètres, son visage s'éclaire.

Carl vide les pièces. Meubles, vaisselle, vêtements, tableaux : tout y passe ! Petit à petit, la maison s'élève.

Soudain, on frappe à la porte.

— Je me cachais sous votre porche, explique timidement Dug. Je peux rester ?

— Mais bien sûr ! Tu es mon chien, non ? Et je suis ton maître ! répond joyeusement Carl.

— Vous êtes mon maître ? répète Dug. C'est vrai ? Je suis tellement content !

Le chien se met à lécher Carl, qui éclate de rire. Tout ce qu'il lui reste à faire maintenant, c'est de trouver Russell.

Attaché sur une chaise, le garçon est à bord de *L'Esprit de l'Aventure*. Les chiens de Muntz l'ont découvert alors qu'il essayait de se faufiler dans la soute.

— Si tu es ici, grommelle Muntz, ton vieil ami Fredricksen ne doit pas être loin !

Par le hublot, l'explorateur remarque justement que la maison fonce droit sur le dirigeable.

— Alpha ! Garde l'oiseau ! Si tu vois le vieil homme, tue-le ! ordonne Muntz.

Puis il appuie sur un bouton et sort de la pièce. Russell, terrifié, s'aperçoit que, sous sa chaise, la passerelle s'ouvre ! À l'extérieur, le cœur de Carl s'arrête quand il voit l'enfant qui commence à glisser vers le vide...

Le vieil homme amène la maison à côté du dirigeable, puis se précipite vers le tuyau d'arrosage. L'utilisant comme un lasso, il réussit à attraper Russell juste avant qu'il tombe.

— Monsieur Fredricksen ! s'exclame l'enfant dès qu'il est en sécurité sur la terrasse. Il faut sauver Kevin !

Carl pousse la chaise de Russell au milieu du salon, puis repart en courant vers le porche.

— Comment récupérer l'oiseau ? demande-t-il à son chien.

Trop occupé à ronger l'une des balles de tennis de sa canne, Dug ne répond pas, mais Carl sourit : il a une idée. Passant de sa maison au dirigeable, il réussit à atteindre la cage de Kevin. Une fois dessus, il se redresse, une de ses balles de tennis à la main.

— Qui veut jouer à la baballe ? dit-il en observant les chiens qui gardent le prisonnier.

— Moi ! Moi ! Moi ! répondent-ils tous en chœur.

— Alors attrapez-la !

Le vieil homme jette la balle le plus loin possible, et les chiens se lancent à sa poursuite. Carl libère Kevin et se faufile vers le poste de pilotage.

De son côté, Russell essaie de se détacher, mais il ne se rend pas compte que ses efforts le rapprochent dangereusement du porche. Quand il réussit enfin à se libérer, c'est trop tard : la chaise bascule dans le vide,

l'entraînant avec lui ! Il a juste le temps de s'agripper au tuyau d'arrosage. À cet instant, plusieurs avions pilotés par des chiens foncent droit sur la maison !

— Feu ! leur ordonne Muntz par radio.

Puis, armé d'une longue épée, l'explorateur se rue vers ses ennemis pour leur barrer la route. Carl lève sa canne et le combat commence.

Muntz prend rapidement le dessus,

mais le vaisseau fait un écart, et il perd l'équilibre.

— Viens, Kevin ! lance Carl en franchissant l'un des hublots pour se hisser sur le dirigeable.

Une fois dehors, ils se figent : accroché au tuyau, Russell essaie d'éviter les attaques des chiens-pilotes !

Sous les encouragements de Carl, le garçon finit par se hisser sur le porche. L'un des avions le frôle. Mais Russell a une idée : il pointe son doigt vers le sol.

— Un écureuil ! s'écrie-t-il.

Aussitôt, les chiens-pilotes, déconcentrés, perdent le contrôle de leurs appareils. Russell éclate de rire en voyant tous ces parachutistes dans le ciel.

De son côté, cerné par la meute dans le poste de pilotage, Dug est dans de sales draps !

— Je serai ravi de te tuer ! gronde Alpha.

Heureusement, Dug a une idée : il saisit une lampe et coiffe le doberman avec l'abat-jour.

— Il porte le Cône de la Honte ! s'écrient alors les autres chiens. Il n'a plus le droit de nous parler !

L'abat-jour ressemble comme deux gouttes d'eau à l'entonnoir qui sert à punir les chiens ! En un instant, toute l'autorité qu'il avait sur son armée passe entre les pattes de Dug, absolument ravi !

— Assis ! ordonne-t-il.

Ils obéissent tous, et Dug peut rejoindre son maître.

Russell est en train de rapprocher la maison du vaisseau pour que ses amis puissent passer. Mais au moment où Carl, Dug et Kevin atteignent le porche, un coup de fusil résonne. De nombreux ballons éclatent, provoquant la chute de la maison sur le dirigeable. Carl est éjecté.

— Laissez-les tranquilles ! hurle-t-il à Muntz qui arrive en courant, un fusil à la main.

Sans l'écouter, l'explorateur furieux saute sur le porche.

— Russell ! Dug ! appelle Carl. Accrochez-vous à Kevin !

Dans le salon, l'enfant et le chien obéissent. Une fois qu'ils sont sur le dos de l'oiseau, Carl sort de sa poche une tablette de chocolat.

— Kevin ! crie-t-il. Tu veux du chocolat ?

Muntz enfonce la porte d'entrée de la maison quand Kevin jaillit d'une fenêtre, ses passagers sur le dos. Muntz se précipite vers eux pour les arrêter. Mais les cordes qui retiennent un paquet de ballons s'enroulent autour de sa cheville… et l'entraînent dans les airs, loin du dirigeable.

— C'était génial ! s'exclame Russell.

Silencieux, Carl regarde sa maison disparaître.

— Je suis désolé, monsieur Fredricksen ! dit alors tristement Russell.

Pendant un moment, Carl ne répond rien. Puis il réalise qu'Ellie n'est pas dans cette maison pleine de souvenirs, mais dans son cœur, et qu'elle ne le quittera jamais.

— C'est juste une maison ! souffle-t-il alors en souriant à ses amis.

Kevin appelle ses petits. Il est temps de se séparer. Quand ils atterrissent, l'homme et l'enfant les regardent foncer vers leur mère.

Kevin pousse les oisillons à l'abri pendant que Carl et Russell remontent dans le dirigeable.

— Prêt à rentrer ? demande Russell.

— Prêt ! dit Carl à son copilote juste avant de décoller.

Tous les chiens pointent leurs museaux hors des hublots, heureux de sentir le vent. Depuis que Carl est leur nouveau maître, ils sont redevenus gentils.

Après l'aventure...

— En recevant leurs badges, ces Juniors passeront Seniors ! annonce le Chef de Camp aux Explorateurs et à leurs pères alignés près de lui.

— Pour avoir aidé une personne âgée...

Le Chef s'interrompt en voyant la peau bronzée et l'uniforme déchiré de Russell.

— Est-ce que ton père est là ? demande-t-il.

— Je suis là, moi ! s'écrie Carl en grimpant sur la scène.

Le Chef lui tend le badge.

— Félicitations, Russell !

Carl s'agenouille pour épingler le badge sur l'écharpe de Russell.

— Pour avoir aidé une personne âgée, et avoir agi aussi courageusement, je voudrais t'offrir la plus grande récompense que je connaisse : le badge d'Ellie !

— Wahou ! s'exclame fièrement Russell en regardant le bouchon de soda.

Carl le félicite, puis le prend dans ses bras. Tandis que le public applaudit et que les chiens se mêlent aux hourras en aboyant, Carl éclate de rire : il sait que ses amis et lui vont encore vivre beaucoup d'aventures.

Fin

Les as-tu tous lus ?

Le livre de la jungle

Blanche-Neige et les sept Nains

Le Roi Lion

Cendrillon

La Petite Sirène

Peter Pan

La Belle et la Bête

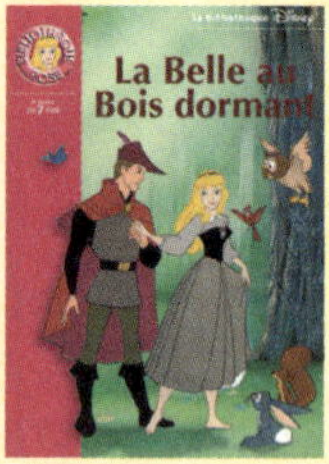

La Belle au Bois dormant

Et retrouve tous
tes héros préférés sur
www.bibliothequerose.com

Les 101 Dalmatiens

Les Aristochats

Aladdin

La Belle et le Clochard

Pinocchio

Le monde de Nemo

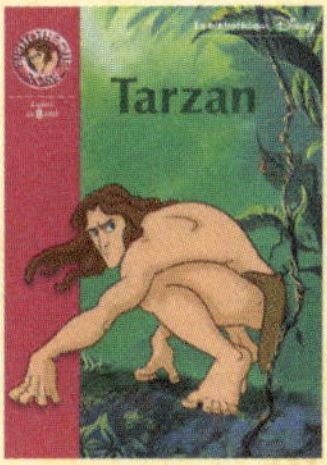

Tarzan

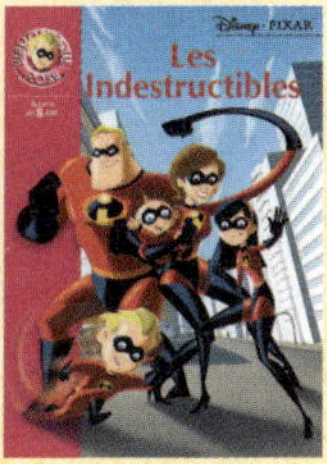

Les Indestructibles

Toy Story 2

Cars

Ratatouille

WALL-E

« Pour l'éditeur, le principe est d'utiliser des papiers composés de fibres naturelles, renouvelables, recyclables et fabriquées à partir de bois issus de forêts qui adoptent un système d'aménagement durable. En outre, l'éditeur attend de ses fournisseurs de papier qu'ils s'inscrivent dans une démarche de certification environnementale reconnue. »

Imprimé en France par Jean-Lamour - Groupe Qualibris
Dépôt légal : juillet 2009
20.20.1891.9/01 – ISBN 978-2-01-201891-4
Loi n°49-956 du 16 juillet 1949
sur les publications destinées à la jeunesse